Lorraine, As In A Chagall Painting

Gilbert Moore

Lorraine, As In A Chagall Painting

Adapted from the French by the author

A HARRISON EDWARD LIVINGSTONE BOOK
by the
CONSERVATORY PRESS
Baltimore Montréal

Painting by Debra Nickel

Originally published in French
By Éditions du Préambule, 1984

Bookstores may order from Baker & Taylor

In the U.S. copies by mail for $13.95
plus $1.50 shipping and handling.
Send orders to The Conservatory Press,
P.O. Box 7149, Baltimore, MD 21218.

Published in Canada by Les Éditions Jardin.
$13.95 (plus $1.50) shipping and handling to
Gilbert Moore, Les Éditions Jardin,
2027, Rue St. Timothée
Montréal, P.Québec, H2L 3P5.

Library of Congress No. 90-082025
ISBN: 0-941401-03-0

40 % discount to libraries and bookstores in the U.S. and Canada.

in high places did we
set happiness our traps . . .

Saint-John Perse

for Lorraine R. . . .

so close

PREMIÈRE PARTIE

PART ONE

I

toi apprise à tant d'écoles buissonnières
  dès ces translucides filles
  élues à la pointe du jour
  au nom de nos années-lumière

Suzanne sa politique des petits pas ses protocoles d'amour plus soyeux que son amour sa peau mince comme un faux visa

Louise si prompte à m'initier à José José si José parmi tant d'arbres de vins de fromages tout un été Île d'Orléans

Ginette convaincue de vivre sa violence en mes bras par un psychiatre accusé plus tard de la mort de sa femme
Ginette toujours seule craignant le choix névrotique mariée avec Sigmund Freud jusqu'à la dernière consult'

Sexy Bubble Gum ses bas-filets voltigeurs son cache-sexe tout bourré de coca de feux verts de rock & roll ses cheveux violets son cœur qui ne retrouvèrent jamais leur couleur naturelle

I

you   studied as I played truant
as early as those translucid girls
elected at the point of day
on behalf of our light-years

Suzanne   her small-steps policy   her protocols of love more silky than her love   her skin as thin as a false visa

Louise   so quick to initiate me to Josée   Josée so Josée   among so many trees   wines   cheeses   a whole summer   Orléans Island

Ginette   so convinced she was living out her violence in my arms
by a psychiatrist later on accused of his wife's death
Ginette   still alone   fearing neurotic choices
—married to Sigmund Freud up to the last consult'

Sexy Bubble Gum   her fleeting filet lace stockings   her g-string stuffed with coca   green lights & rock & roll   her purple hair   her heart   that never recaptured their natural color

Lucie dans une chambre d'hôtel aimait ses fesses sur une Bible préférait les Proverbes aux Évangiles parce qu'ouverte au centre la Bible lui donnait meilleur équilibre

Henriette qui faisait du si bon pâté chinois multipliait les savanteries sodomites ne demandait rien de moins qu'une petite pinte de mon sang

Louise-Marie dont je n'aimais disait-elle que la peau
me la donna six mois tous les après-midi
déclara en guise d'adieu je sauve ma peau

Lulu voulait marier en Inde un gourou mort depuis trois cents ans

Hughette si prompte au mariage poursuit toujours sa chasse avec son chien qui lui a marié la femelle la plus proche

Julie dix-sept ans à genoux dans tous les dictionnaires à l'affût d'une juste définition de l'orgasme
ah soupirait-elle avoir trente ans

Monique devenait communiste dans les bras d'un Russe sombre dans les bras d'un Nègre toute-pleine-de-culture-jusqu'à-l'aube avec le poète

Lucie in a hotel room loved her derrière on a Bible preferred the Proverbs to the Gospels because the Bible open in the middle gave her better balance

Henriette who made such good meat pie multiplied sodomite scientifickery asked for nothing more than a small pint of my blood

Louise-Marie who said I loved her skin only
gave it to me every afternoon for six months
bid me farewell with: I'm saving my skin

Lulu who wanted to marry a guru dead for three hundred years

Hughette so bent on marriage still hunting (her dog married the closest female)

Julie seventeen in every dictionary kneeling in quest of a precise definition of orgasm
ah she sighed to be thirty

Monique would become a communist in a Russian's arms somber in a Negroe's arms full-of-culture-till-dawn with the poet

Béata refusait d'améliorer les relations québécoiseaux-polonaises à cause de son saucisson de Pologne

Shirley   en Chine si longtemps   ses petits mots les plus nus   ses petits seins les plus drus   sa petite Hong Kong   tout sentait l'opium

Arlette ne désirait rien
que mon bonheur

Madame Sophie sur son manteau de lynx   disait
toi c'est ben parce que t'es artisse
les aut' cochons y payent

Danny   dis-moi des beaux mots

Cricri   mais t'es poète   je croyais que ça serait plus poétique

Lorette   les autres quand ils me carressent on dirait qu'ils ont étudié ça dans un livre   toi on dirait que t'as écrit le livre
nous serons longtemps ensemble
nos corps le savent   (quatre mois)

Micheline   j'aime ton corps   c'est comme chez nous

Béata who refused to improve *québécoiseaux-polonaises* relations because of her *saucisson de Pologne*

Shirly so long in China her most naked little words her most cocky little breasts her small Hong Kong everything smelled of opium

Arlette wanted nothing
but my happiness

Madame Sophie on her jungle cat coat used to say: you it's because you're an artisssss'; the other pigs they gotta pay

Dannie tell me beautiful words

Cricri but you're a poet I thought it would be more poetic

Lorette the other guys when they stroke me it's as if they'd studied everything in a book you it's as if you'd written the book
we'll be together for a long time our bodies know (four months)

Micheline I love your body it's like home

France c'est chouette j'aime pas les hommes beaux

Chouchou
Bleue chic alors un point noir un gros

Jacqueline Isabelle Titite je ne vous oublie pas
je vous aimerai toujours
je vous porte en moi
comme raccourcies
vers

Lolo

France it's great I don't like handsome men

Chouchou hooray a black-head a biiiiiiig one
Bleu

Jacqueline Isabelle Titite I am not forgetting you
I will love you always
 I go on sheltering you
  as relays
   towards

Lolo

II

nos miroirs reformants c'est Le Petit Chaperon Rouge qui nous les a donnés à l'occasion d'une réincarnation (il y a cinq cent mille ans nous fûmes la première roue   les paons firent de nous leur plus beau symbole)

son Grand Méchant Loup les avait volés à la bande à Luciano qui a mis Leone sur la piste

entre-temps la mort burine ses sursis sur tous nos parchemins

en fait   nous sommes morts de rire parce que nous avons des tas de gens aux bras multiples dans toutes les capitales mondiales

Charlie Chaplin par exemple fait des ombres chinoises sur notre cinéma quelquefois muet

si nos alliés menacent de faire défection   l'Inspecteur Clouseau convoque Peter Sellers   Pierre T. court aux Nations Unies

La Belle Au bois Dormant   si nous souffrons d'insomnie   s'éveille   nous fait boire au sein ou lit des poèmes d'amour de Claude Ryan   député

II

our reforming mirrors were given us by Little Red Riding Hood for our reincarnation birthday   (five hundred thousand years ago we were the first wheel   peacocks have been spreading us out ever since)

Red's Big Bad Wolf had stolen them from Luciano's gang   Luciano sent Leone after us

meantime death chisels its reprieves on all our parchments

as a matter of fact we are dead with laughter because we have a lot of multiple-arms people in every capital of the world

Charlie Chaplin for instance makes silhouettes on our sometimes mute moviescreens

if our allies threaten to defect   Inspector Clouseau summons Peter Sellers   prime minister Pierre Elliot Trudeau runs to the United Nations

Sleeping Beauty   if we suffer from insomnia   wakes up makes us drink breast milk or reads love poems by Dan Quayle

Peter Pan affirme que mon nez n'est pas trop long
mon acné dit-il partira avec la puberté ma tête n'est pas une tête d'assassin mais un legs d'ancêtres guerriers ma plus belle victoire est dans les yeux de Lolo elle et lui croient que je suis beau quand j'oublie la laideur du monde Pan répète que Lolo n'a pas à vouloir voler comme lui elle vole en moi comme dans une toile de Chagall

notre salle de conférences Lolo la prête aux Bunnies des Clubs Playboy qui sont à mettre au point un contrat de travail leur garantissant une caisse de retraite
tous les matins elles mènent notre Petite Alice Au Pays des Merveilles son sac d'écolière sous le bras

Charles Dickens aime bien notre maison de contrebande blanche notre cheminée où mijotent nos secrets d'alcôve notre Chat Botté qui boit une once de whisky par jour deux s'il friponne la siamoise du voisin qui lève le nez sur tous les chats de gouttières

Dick nous lit ses contes

si nous rions comme des conseillers municipaux fraîchement élus si nous restons soudain muets comme des poissons-scie devant des chiens d'arrêt il les envoie à l'imprimeur

Peter Pan maintains my nose is not too long

my acne he says will leave with puberty my face is not an assassin's but the legacy of great warring ancestors my most beautiful victory he claims is in Lolo's eyes Pan and Lolo think I am handsome when I forget the world's ugliness Pan keeps repeating Lolo does not have to want to fly like him she flies in me as in a Chagall painting

our conference room Lolo lends to the Playboy Club Bunnies busy putting the finishing touch on a working agreement guaranteeing them a pension fund

every morning they take our Little Alice to Wonderland school

Charles Dickens just loves our white contreband house the fireplace where our bedroom secrets simmer our Puss In Boots who gets one ounce of whisky a day two if he pirates the neighbor's siamese cat who raises her nose on alley cats

Dickens reads his tales to us

if we laugh like freshly elected aldermen if we are suddenly mute like sawfishes in front of a pointer he sends them to the printer's

si nous fronçons les sourcils   si nous nous grattons le menton   si nous disons   eh bien dans une contexture strukkkturelle idoine à la conjonture socio-culturelle de l'Occident   nous croyons que...

il les brûle

le jour de l'Ascension   de Gaulle   laissant là les affaires du Ciel   vient jouer à la belotte   il triche   il triche parce qu'au Ciel   les murs ont des anges   nous trichons pour le laisser gagner   il dit que nous sommes des Français améliorés   c'est un compliment

E.T.   se permettant une rare petite leçon   nous rappelle que nos dissemblances ne proviennent pas de planètes si différentes   l'espace entre nous   dit-il   n'est qu'un couteau mal tiré

Lolo trouve ce petit monstre très sexy

je ne crains aucun autre rival mais je finirai bien par l'adopter: il est à créer un centre de réhabilitation pour les gens sérieux

Bugs Bunny nous apporte régulièrement des carottes volées

tant   que nous n'aurons plus à travailler (nos carottes sont en vente à la porte   veuillez payer par cartes de magie   nous vendons aussi des voyages astraux de quatre mille ans   payables au retour)

if we frown if we scratch our chins if we say wellllllllllll considering the strukkkkkkkktural context linked with the socio-cuuuuuuuuultural infrastrukkkkkkkkkkkture of the Occident we think that . . .
he burns them

on Ascension Day de Gaulle dropping the affairs of Heaven comes to play *belote* he cheats we cheat to let him win he says French Canadians are improved Frenchmen that is a compliment

E.T. allowing himself to give a rare short lesson reminds us that the dissimilarity between Lolo and I does not come from such different planets the space between Lolo and I says he is nothing but disappearing ink

Lolo finds this little monster very sexy
I fear no other rival but I will end up adopting him: he is setting up a rehabilitation center for serious people

Bugs Bunny regularly brings us stolen carrots

so many that we will never have to work (our carrots are on sale at the door please pay with magic cards we also sell four-thousand-year astral trips payable on return)

les soirs de relâche Michel Jaquesson Le Garçon Georges Sir Laurence Olivier viennent prendre un pot

ici disent-ils nous pouvons laisser notre maquillage au vestiaire éjaculer les pires conneries sans peur des huées et si le temps s'y prête mourir pour vrai

ce sont ces messieurs qui ont payé les preneurs d'otage qui ont kidnappé Lorraine jusqu'à Lolo et moi Olivier leur a fait un bout du Roi Lear Jacquesson a chanté: j'suis en prison maintenant mais c'est pas pour longtemps Georges lui a dansé le menuet of course

Le Père Noël nous arrivait toujours en larmes

je suis assis sur un cactus hurlait-il mes hémorroïdes saignent elles me piquent elles me haïssent

Lolo lui a trouvé un remède de grand-mère: la poudre de pierre ponce

depuis il en met dans tous les bas

reconnaissante La Fée des Étoiles nous a confié un secret galactique

malheureusement les services secrets du cosmos nous ont fait jurer le silence sous peine d'être transformés en pierres plates ou en marxistes

on their evenings off Michael Jackson   Boy George and Sir Laurence Olivier come and have a beer

here   they say   we can leave our make-up at the checkroom   ejaculate the worst nonsense with no fear of boos   and   if time lends itself to it   die for real

it is these gentlemen who paid the boys who kidnapped Lorraine up to she and I   Olivier offered them a bit of King Lear   Jackson sang: I's in prison now, but it ain't for long   George   of course   danced the minuet

Santa Klaus always came to us in tears

I'm sitting on a cactus   he used to shout   my hemorroids are bleeding   they itch   they hate me

Lolo found him a grandmother's remedy: pumice powder

ever since he has been making sure to leave some in every stocking

in return his fairy godmother told us a galactic secret

unfortunately the cosmos' secret service made us swear to keep it under our hats   else be turned into flat stones or marxists

par une fenêtre ouverte à lui seul   Dracula   tous les matins   nous demandait l'adresse de la Croix-Rouge   il réussissait à dérider Frankenstein qui pleurait tout le temps parce qu'il ne pouvait jamais pirater un jupon

alertée par Lolo   La Fée Carabosse a transsexué Frank en ce magnifique Wayne Gretsky que Danya Maisonneuve et Marie Laurier épouseront à La Place Aux Poètes

vous êtes nos invités   apportez vos amis eurekas vos sœurs   abracadabras

vous aurez tout votre temps: chacune de nos fêtes est une construction lente

à propos   nous ne sommes jamais seuls dans notre lit

La Mère Michel nous y raconte ses folies de jeunesse

incroyable le nombre d'hommes qui prirent leurs jambes à leur cou à la vue de son balai

ces petits crétins ne verront jamais la terre du fin fond du ciel

tous les huitième jours   Blanche Neige   à petit déjeuner   met sept histoires d'amour très immorales dans autant de nos coupes

n'a-t-elle pas truffé d'amphétamine ses gâteaux de noces

through a window open for him only Dracula every morning used to ask us the Red Cross' address would you believe this man always did succeed in cheering up Frankenstein who kept crying because he never could high-jack anybody's pink lace

alerted by Lolo Santa Klaus' Fairy Godmother managed to transsex Frank into the magnificient John Travolta

he is thinking about marrying Sleeping Beauty

you friends are invited to our white contreband house bring along your eureka pals your abracadabra sisters

take all your time: each of our feasts is a slow construction

à propos Lolo and I are never alone in our bed

the Fairy Godmother tells us about her youth's follies

unbelievable the number of men who took to their heels at the sight of her broom

these little crackpots will never see the earth from the very end of the sky

every eighth day Snow White at breakfast puts seven very immoral stories in as many of our wine cups

(did she not stuff her wedding cakes with amphetamine)

et c'est trois siècles d'amour en sept décennies qui gonflent ses seins toujours blancs

tous les mois

l'Enchanteur Merlin remet de l'ordre dans nos comptes à régler

comme l'exige la bonne tenue des livres de contes de fée

and it is seven centuries of love in seven decades that swell her always immaculate breasts

every month
Enchanter Merlin puts order in our accounts to settle
    as demands the good keeping of fairytale books

DEUXIÈME PARTIE

PART TWO

I

qui   Lorraine   t'apprit tant d'ellipse

à mettre ma folie sur orbite

toi seule me fais renaître lisse

I

who Lorraine taught you so much ellipse
how to put my folly in orbit

only you smooth me back to life

II

toi seule déclenches nos rituels migratoires
toi seule brandis les vigies sur les traités de paix
toi seule repolis le guerrier assaisonné au goût des diplomates

qui comprend mieux l'appel de la rue au chat qui veut un bon combat

toi   tout avril à mon seul désir se mue en août
mes hiroshimas s'achèvent en blues
je vois toute merveille de cirque où l'homme-obus joue au poker avec le dompteur de légendes   le lanceur de couteaux avec les cordons ombilicaux

la terre avec sa gravité

toi   ton génie du lieu me suit en toutes mes chambres fortes

II

only you trigger our migratory rituals
only you hold high the lookouts on our peace treaties

only you repolish the warrior seasoned to the taste of diplomats

who else better understands the call of the street to the alley cat who needs a solid clawing showdown

only you change my aprils into augusts
with you all my hiroshimas end up as blues music
through your eyes I see every circus marvel where the bomb-man plays poker with the legend tamer   the knife thrower with the umbilical cords
the earth with its gravity

you

your spirit of the house follows me in each of my strong rooms

III

en toi
j'ai trois maisons

d'abord ce coffret de sûreté où nous cachons nos billes   nos ficelles   nos secrets d'État   nos quatre cents coups qui nous ressaccent jusqu'à nous
personne n'en connaît la clef
sauf ceux qui demeurent éveillés jusqu'à l'aube

puis il y a tes bottes de sept lieues vers notre lit
tes lèvres qui lentement usent mes balafres
il y a ton corps Lolo
c'est une fraîcheur d'armistice   un souffle long en toutes nos écumes
c'est le carrefour de nos eaux douces mille fois bues comme la Bonne Nouvelle

là où mes chevaux sauvages fabriquent leurs grands canyons
il y a ma maison favorite
ta paix séparée avec l'humanité

III

in you
I have three houses

first this safety deposit box where we hide our marbles   our stage tricks   our State secrets   our kicking up no end of a ruckus that always drags us back to us
no one knows its key
except they who stay up till dawn

then there are your seven-league boots towards our bed
your lips that slowly wear away my scars
there is your body Lorraine
it is the freshness of an armistice renewed without wars the long breath in all our meerschaums
it is the cross-roads of our soft waters a thousand times drunk

where all my wild horses manufacture their grand canyons is my house beloved:
your separate peace with mankind

IV

je t'ai cherchée en toute maison errante pour la nuit seulement
si peu de ramifications en mes flambées nucléaires que je plaçai mille fragilités en formation de combat
je vendis mes mers pour un peu de sel mes méridiens les plus longs pour un peu de latitude
j'ai trafiqué des lettres de noblesse volées à l'aube
 poussé la veuve à demander où s'égarer

j'aimais aiguiser mes seringues à tout incident de frontières
Hong Kong ses fumeries ses coolies
Rio où quinze jours toute morale est tenue pour immorale
New Orleans Little Joey mains pleines de neige... Little Josephine
et ces limousines blanches en ligne droite vers toutes les peaux blanches en chasse aux robes moins blanches
j'aimai ces cités dangereuses où des folles très sûres de leur génie épousent des pays sans frontières en vue d'avortements grandioses

IV

I sought you in every erring house for the night only
so few ramifications in my nuclear blazes I placed a thousand frailnesses in combat formation
I sold my seas for a little salt   my longest meridians for a little latitude
I trafficked letters patent of nobility stolen at dawn
pushed the widow to ask where to get lost

I loved to sharpen my syringes on all frontier incidents
Hong Kong   its opium dens   its coolies
Rio where for a fortnight any kind of morality is thought immoral
New Orleans   Little Joey's hands full of snow. . . Little Josephine so quick to learn the French way. . .
and those white limousines in a straight line towards all dresses a little less white
I cherished those dangerous cities where mad women   very sure of their genius   marry frontierless countries with grandiose dreams of abortions

je fus leur meilleur marchand de serments au fond des rum-runners

mille parchemins j'ai brûlés vers toi

je répétais: je survis un autre jour
je survivrai jusqu'au bout de mes amours

I was their best oaths-merchant at the bottom of rum-runners

a thousand geographical maps I burned towards you

I used to say: I survived another day
I will survive up to the end of my loves

V

Lorraine
si tu m'aimes
si par toi
mon poème m'amnistie
j'ai une maison

V

Lorraine
if you love me
if through you
my poem amnesties me
I do have a house

TROISIÈME PARTIE

PART THREE

I

nous y avons nos entrées dans les iglous
nos sorties chez les hommes bleus du désert

nos loups-garous nous mènent en canot outre la fin du monde

notre peau   les peaux-rouges venus en dénoncer la pâleur la scalpent jusqu'à notre peau natale   vêtent nos joues du haut bois où les esprits bons taillent leur calumet   nous donnent surtout des chevaux sauvages qui préfèrent toujours la mort au miel

si le sang nous effraie   nous avons nos boxeurs de dentelle   nos combats de coquelicots   nos révolutions en sucre d'érable

nos vacances   nous les passons dans des aquarelles
nous dormons dans une boîte à surprises
montgolfière mue par d'intimes sœurs accourues de légendes opposées

nos services balistiques corrigent notre tir dès nos printemps frileux jusqu'à nos moindres frissons nucléaires

I

in it we have our entrées in igloos
our exits in the homes of the desert's Blue Men

our werewolves take us in a canoe way over the end of the world

our skins red-skins come to denounce their pallor they scalp it up to our native skins clothe our cheeks with the high woods where good spirits carve their pipes they give us wild horses that always prefer death to honey

if we are scared of blood we have our lace-boxers our red poppy fights our maple syrup revolutions
lest we run and take our vacation in water-colors

we sleep in a jack-in-the-box that is a fire-balloon hand-motored by intimate sisters rushing to us from opposite legends

our ballistic service corrects our shooting as early as our chilly springs up to our tiniest nuclear shiver

nos espions flairent vite   vendeurs d'ombre au tableau   professeurs d'inquiétude   pilleurs de gestations   surtout les assassins du dimanche à l'œuvre toute la semaine

nous parions sur des chevaux de manège   jouons nos gains à la table des changeurs de grands parcours

l'argent est un gros punching-ball sur quoi nous frappons à grands coups de chèques de théâtre

si nos singes ont besoin de monnaie   tu négocies les meilleurs contrats avec mes vieux os   je vends nos vieilles nouvelles aux journaux

nos laissez-passer galopent jusqu'au bout de la folie à deux

nous voyageons sans escale sauf pour arroser nos moteurs de thibets faits à la maison

des perdrix d'eau perpétuelle portent nos émissaires pascaux

de petits soupirs à la menthe gardent nos chasses

nos blagues nous les importons du Vatican sur des oiseaux moqueurs

nos vols médusent Interpol: volatilisations   vols à main armée à la banque du sang neuf

volées de balises autour de nos plans d'évasion

que voulons-nous d'autre que nos balises

our spies fast smell out gloom salesmen worry teachers gestation thieves
especially sunday killers at work all week

we bet on merry-go-round horses gamble our gains at the table of long-range-courses changers
money is a big punching-bag we hit with fat stage checks
if our monkeys need small change you negotiate the best contracts with my old bones I sell our old news to the Press

our *laissez-passer* gallop up to the very end of *folie-à-deux*
we travel non-stop except to sprinkle our motors with home-made Tibets
perpetual water partridges carry our easter emissaries
little minted sighs guard our hunts
our jokes we import from the Vatican on moquing birds
our thefts flabbergast Interpol: volatilizations armed robberies at the new blood bank
flights of sea-marks round our evasion plans

what do we want but our sea-marks round our evasion plans

nous les persillons des noms de tous les magasins de jouets de la galaxie   les poivrons de la clef des chants
Don Quichotte les épice d'histoires de moulins dangereux que je dis au moulin à papier sur quoi j'écris:

Lorraine
je t'aime

je t'aime
à bout de foudre
je t'aime
à bride abattue
je t'aime
à coups de taureau sauvage

Lorraine
je t'aime
fffort comme un oignon

grrrand comme un mal de dent

we pepper them with the names of all the galaxy's toy shops   sprinkle them with the keys of a million free cities
Don Quixote spices them with stories about dangerous windmills on which I write:

Lorraine
I love you

I love you up to thunder

I love you
above any law
I love you
with a wild bull's thrusts

Lorraine
I love you

ssstrong as an onion
biiig as a toothache

II

tu es quelquefois si petite
que je t'aime à la loupe

jamais je ne veux te faire mal
sauf si tu te fais arbre à fruits

II

you are sometimes so petite
I have to love you through a magnifying glass

I never want to hurt you
except when you make yourself into a fruit-tree

III

toi
ton je t'aime ne se traduit en aucune langue
sauf la nôtre

toi
tu me dis je t'aime
je braque mieux mes fusées interplanétaires
je récupère nos rendez-vous spatiaux
je braconne moins nos champs magnétiques
je tâtonne mieux vers nos passeports diplomatiques
mes os souples ont meilleur cours sur tous les marchés
de meilleurs lavoirs pour mes trajectoires je ne trouve que nos prismes
je gagne mes paris malgré la loi des probabilités des vieux bookmakers
mes tapis volent au-dessus des pluies acides
mes replis stratégiques me refluent d'une lâcheté vers moi deux petits seins vers nous
mes relations internationales demeurent petites mais assurées maintenant par un nain habitué aux menus bris d'affection
la société des postes songe à créer un timbre à l'effigie de l'homme que je suis en tes bras

III

you
your love cannot be translated into any language
but our own

you say: I love you
and I aim my interplanetary rockets better
I recuperate our rendez-vous in space
I poach less on our magnetic fields
I grope better towards our diplomatic passports
my supple bones have a better rate of exchange on all markets
there are no better rinsing boards for my trajectories than our prisms
I win all my bets against the old bookmakers' probability law
my carpets fly way above acid rains
my strategic withdrawals drag me back two acts of cowardice towards me   two little breasts towards us
my international relations remain petites but are now ensured by a dwarf accustomed to tiny breaches of affection
the post office is thinking of issuing a stamp bearing the effigy of the man I am in your arms

je trouve une machine à écrire nous-à-tout-prix
mes mots   croisés à seule fin de te mettre dans une flûte

au bout de nos radars   je trouve un surcroît d'asile politique

j'antenne nos ultra-sons

je les hume en toute ambassade où des amants passent à l'Ouest

I find a pen meant to write us at all costs   my words crossed for the sole purpose of putting you in a flute

I find added political asylum at the tip of all our radars

I antenna each of our ultra-sounds
I sip them in every embassy where lovers pass to the West

QUATRIÈME PARTIE

PART FOUR

I

Lorraine je nais là où tu me chantes des lorraineries

I

Lorraine

I keep being born everywhere you sing
lorraineries for me

II

le velours c'est en toi que je l'apprends
les records du monde c'est en nous que je les bats
mes mises à feu c'est toi

toute autre me les vole
toutes me confluent vers toi

toi
tu m'écluses
tu m'écoutilles   tu me lignes de flottaison
tu me neptunes   tu me laves à l'eau de vie constante

tu me globe-terrestres

tu me lampes d'Aladin

tu me rampes de lancement   tu m'antigravites
tu me para-lunes

tu ris dans ma barbe

II

it is in you I learn velvet
in us that I break world records
you are my firings

anyone else steals them from me
any lace telegraphs me back to you

you
you pass me through locks
hatchway me   float-line me
neptune me
you wash me with constant firewater
you world-globe me

you Aladdin-lamp me

you launching-pad me   antigravitate me   para-moon
me

you laugh up   my sleeve

Lorraine
toi seule
sur nos tables de chevet
empiles les prophètes de bonheur
toi seule
recycles nos baisers

Lorraine
je te dis
que même si tout baiser meurt en son temps
notre amour ne mourra jamais

tes lèvres sur mes lèvres sont cent ans dans un siècle

FIN

Lorraine

only you
on our bedside tables
pile up prophets of happiness
only you
recycle our kisses

Lorraine
I tell you
that even if all kisses die in their own time
our love will never die

I tell you
that your lips on my lips are a hundred years in a century

THE END

Du même auteur

Déjà parus:

L'Exode ardent, poèmes, éd. Atys 1971
Où j'ai trahi tant de légendes, poèmes, éd. Préambule, 1983
2e édition, 1984